BODYCHANGE®

BODYCHANGE®
SHAKE KOCHBUCH

Die besten Rezepte zum Abnehmen und Fitbleiben

riva

Bibliografische Information der Deutschen Nationalbibliothek:
Die Deutsche Nationalbibliothek verzeichnet diese Publikation in der Deutschen Nationalbibliografie.
Detaillierte bibliografische Daten sind im Internet über http://d-nb.de abrufbar.

Für Fragen und Anregungen:
info@rivaverlag.de

Originalausgabe
1. Auflage 2017

Nymphenburger Straße 86
D-80636 München
Tel.: 089 651285-0
Fax: 089 652096

Redaktion: Dr. Kirsten Reimers
Umschlaggestaltung: Laura Osswald
Umschlagabbildung: baibaz/Fotolia.com
Satz: Satzwerk Huber, Germering
Druck: Florjancic Tisk d.o.o., Slowenien
Printed in the EU

ISBN Print 978-3-7423-0198-7
ISBN E-Book (PDF) 978-3-95971-666-6
ISBN E-Book (EPUB, Mobi) 978-3-95971-665-9

Weitere Informationen zum Verlag finden Sie unter
www.rivaverlag.de
Beachten Sie auch unsere weiteren Verlage unter www.m-vg.de

Herzlich willkommen

Über BodyChange®

Mit dem Bestseller-Abnehmprogramm BodyChange® haben seit 2012 bereits mehr als 350.000 Teilnehmer in Deutschland, Österreich und der Schweiz erfolgreich ihre Wunschfigur erreicht. Durchschnittlich verlieren Teilnehmer in zehn Wochen rund 10,3 kg und halten ihr Gewicht im Anschluss erfolgreich oder nehmen sogar noch weiter ab.
Seit 2016 bietet BodyChange® neben dem videobasierten Ernährungs- und Fitness-Coaching BodyChange® CLASSIC zwei neue Coaching-Programme: BodyChange® FIT und BodyChange® mySHAKE. Sie orientieren sich an den Interessen der Teilnehmer und bieten sowohl Sportinteressierten als auch Sportmuffeln und Naschkatzen die passende Strategie, um ihre Wunschfigur zu bekommen.

BodyChange® mySHAKE

BodyChange® mySHAKE ist das BodyChange® Coaching-Programm, das ganz ohne Sport auskommt, die Pfunde zum Purzeln bringt und von Prominenten wie Daniela Katzenberger erfolgreich genutzt wurde. Kernbestandteil ist dabei der BodyChange® Shake, der dafür entwickelt wurde, unseren Teilnehmern den Weg zur Wunschfigur noch leichter zu machen.

Der BodyChange® Shake

Unser hochwertiger BodyChange® Shake wurde von renommierten Ernährungs- und Sportwissenschaftlern entwickelt.

Im Vergleich zu herkömmlichen Eiweißshakes besteht er aus wertvollen Proteinen und den bewährten BodyChange® Turbos wie z.B. grünem Tee, Zimt, Ingwer und Zitrone, die den Stoffwechsel zusätzlich ankurbeln.

Wie hilft der BodyChange® Shake beim Abnehmen und Muskelaufbau?

Der Körper benötigt Eiweiß, um Zellen zu regenerieren und Muskeln aufzubauen und zu erhalten. Um Gewicht zu verlieren, ist eine eiweißreiche Ernährung wichtig, damit gleichzeitig keine Muskeln abgebaut werden. Eiweiß regt den Stoffwechsel an und macht länger satt.
Aber nicht nur für Figurbewusste oder Sportler ist Eiweiß wichtig, vielmehr sollte jeder, der sich gesund ernähren will, auf eine ausreichende Eiweißversorgung achten.

Über dieses Buch

Mit Leidenschaft und Kreativität haben wir leckere und schnelle BodyChange® Shake-Rezepte zusammengestellt, die nicht nur für Teilnehmer unseres BodyChange® mySHAKE-Ernährungsprogramms, sondern für alle figur-, gesundheits- oder fitnessbewussten Menschen super sind.

Viel Spaß beim Genießen wünscht
das BodyChange® Team

Inhalt

Dieses Buch enthält Rezepte der folgenden Kategorien:

Als Frühstück oder nach dem Sport

Die Rezepte dienen dir als Kickstart zum Frühstück im Rahmen des BodyChange® mySHAKE-Ernährungsprogramms oder als Energielieferant nach dem Sport.

Jederzeit auch als Snack

Die Rezepte dieser Kategorie helfen dir, deine Abnehmziele zu erreichen. Du kannst von diesen Rezepten morgens, mittags und abends essen, bis du satt bist – denn Hungern ist bei BodyChange® tabu!
Mehr zum BodyChange® mySHAKE-Ernährungskonzept und zu allen Lebensmitteln, die dir beim Abnehmen helfen, erfährst du unter www.BodyChange-mySHAKE.de.

Als Frühstück oder nach dem Sport

Shakes und Smoothies

Bowls & Müslis

Als Snack für zwischendurch

Shakes und Smoothies

Kekse, Brötchen & mehr

BodyChange® mySHAKE-Ernährungskonzept

Das wirksame BodyChange® mySHAKE-Ernährungskonzept basiert auf den neuesten wissenschaftlichen Erkenntnissen und wurde über Jahre perfektioniert, um BodyChange®-Teilnehmer entspannt und lecker ans Ziel zu führen.

Bereits Tausende haben ohne Hungern und mit viel Spaß erfolgreich mit dieser einfachen, aber wirkungsvollen Ernährungsmethode abgenommen.

Beschleuniger
Mit Lebensmitteln, die beim Abnehmen helfen, essen wir uns an sechs Tagen der Woche satt

Verhinderer
Lebensmittel, die dich am Abnehmen hindern, lassen wir einfach an sechs Tagen pro Woche weg

Turbos
Lebensmittel, die deine Fettverbrennung richtig ankurbeln, essen wir am besten jeden Tag

BodyChange® Shake
Insbesondere zum Frühstück lassen wir uns den Shake schmecken

LoadDay
1 x pro Woche darfst du schlemmen, was du möchtest

Mehr zum BodyChange® mySHAKE-Ernährungskonzept erfährst du unter
www.BodyChange-mySHAKE.de

BodyChange® mySHAKE – auf einen Blick

Frühstück

Dein Frühstück ist die wichtigste Mahlzeit des Tages. Genieße zum Start in den Tag ein leckeres BodyChange® Frühstücksrezept mit **3–4 Esslöffeln unseres hochwertigen BodyChange® Shake-Pulvers, frischem Obst und ungesüßten Milchprodukten**. Damit kurbelst du deine Fettverbrennung für den ganzen Tag an.

Mittag- & Abendessen

Um Gewicht zu verlieren, ernähre dich den restlichen Tag nach dem BodyChange® Ernährungskonzept. Die Top-3-Regeln:

1. Iss frische, unverarbeitete und eiweißreiche Lebensmittel wie Fisch, Gemüse, Fleisch und Hülsenfrüchte.
2. Lass verarbeitete und kohlenhydrathaltige Lebensmittel wie z. B. Nudeln, Reis, Kartoffeln, Zucker u. Ä. konsequent komplett weg.
3. Verzichte außer beim Frühstück auch konsequent auf Obst und Milchprodukte.

Um deinem Stoffwechsel einen Extra-Kick zu geben und die Pfunde noch mehr zum Schmelzen zu bringen, kannst du nach jedem Essen eine große Tasse grünen Tee trinken sowie 20 Minuten spazieren gehen.

Snacks

Hast du zwischen den Mahlzeiten etwas Hunger? Kein Problem. Bereite dir einfach einen BodyChange® konformen Shake oder Snack aus diesem Buch zu – das stillt nicht nur den Hunger, sondern hilft dir auf deinem Weg zur Wunschfigur.

BodyChange® Shake

Der BodyChange® Shake

Unser hochwertiger BodyChange® Shake wurde von renommierten Ernährungs- und Sportwissenschaftlern entwickelt, um Menschen das Abnehmen zu erleichtern.

Das enthaltene Eiweiß wird aus Eiern und Milch gewonnen und ist 100 % natürlichen Ursprungs. Es besitzt einen hohen Anteil essenzieller Aminosäuren und eine besonders hohe Eiweißwertigkeit. Anders als andere Eiweißpulver wird bewusst auf Zucker, Süßstoffe und Farbstoffe verzichtet. Dafür enthält der Shake die bewährten BodyChange® Turbos wie z. B. Grüner Tee, Zimt, Ingwer, Kaffee und Zitrone und wird dadurch zum echten Abnehm-Booster.

Aufgrund des sehr geringen Kohlenhydratanteils eignet sich der Shake insbesondere zur Gewichtsreduktion. Aber auch zum Muskelaufbau in Kombination mit Sport zeigt er seine Wirkung.

Da wir hohen Wert auf Qualität und Reinheit der Inhaltsstoffe legen, wird der BodyChange® Shake ausschließlich in Deutschland produziert.

Warum ist eine eiweißreiche Ernährung für unseren Körper wichtig?

Eiweiß und die darin enthaltenen Aminosäuren sind für den menschlichen Körper essenziell. Es wird für die Zellerneuerung von Organen, Muskeln, Haut, Nägeln und Haaren benötigt und ist der Hauptbaustoff und Energielieferant des Immunsystems.

Eine eiweißreiche Ernährung ist nicht nur wichtig für Menschen, die abnehmen oder Muskeln aufbauen wollen, vielmehr sollte jeder, der sich gesund ernähren will, auf eine ausreichende Eiweißversorgung achten.

Wie hilft BodyChange® Shake beim Abnehmen?

Für die Verdauung von eiweißreichen Lebensmitteln braucht der Körper länger. Dadurch machen sie länger satt. Gleichzeitig steigt der Insulinspiegel im Vergleich zu einer kohlenhydratreichen Ernährung nicht so stark an.

Ein zu hoher Blutzucker- bzw. Insulinspiegel führt dazu, dass überschüssige Energie in Fett umgewandelt und in den Zellen eingelagert wird. Zudem wird der Fettabbau durch einen zu hohen Insulinspiegel vorübergehend blockiert und dadurch das Abnehmen verhindert.

Da er den Insulinspiegel stabil hält und den Körper optimal mit Eiweiß versorgt, ist der BodyChange® Shake ideal zum Frühstück. Er gibt dem Stoffwechsel einen Extra-Kick und macht gleichzeitig lange satt. Aber auch als Zwischenmahlzeit oder nach dem Sport ist er perfekt geeignet.

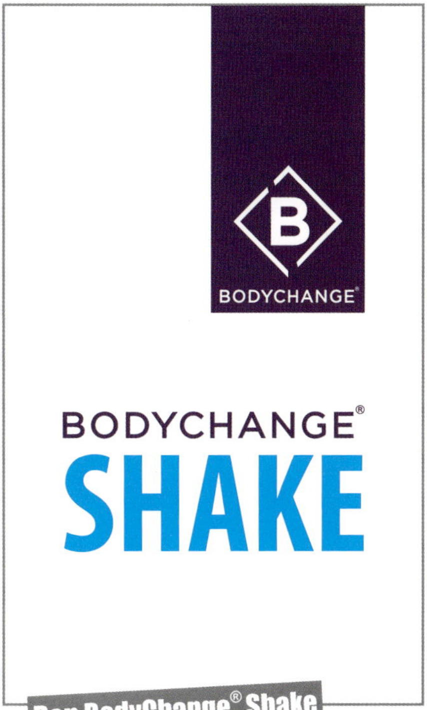

SHAKE DICH SCHLANK

Die besten Power-Zutaten für einen klassisch gemixten BodyChange® Shake

Die Basis

Jedes Rezept in diesem Buch enthält als Basis das BodyChange® Shake-Pulver als hochwertigen Eiweißlieferanten, das den Stoffwechsel ankurbelt.

OBST

Frisches Obst ist eine ideale Kombination zum BodyChange® Shake am Morgen oder nach dem Sport. Aufgrund ihres niedrigen glykämischen Indexes sind insbesondere Beeren zu empfehlen. Sie lassen den Blutzuckerspiegel nicht so stark ansteigen und machen dadurch lange satt. Verwende möglichst frisches Obst. Wenn's schnell gehen muss oder für den besonderen Frische-Kick eignet sich zur Abwechslung auch gefrorenes Obst.

GEMÜSE

Frisches Gemüse ist die ideale Shake-Grundlage schlechthin. Leckere Frische und wertvolle Vitamine liefern insbesondere Blattsalate. Aber auch Stangensellerie, Rote Bete, Spargel und Co. eignen sich hervorragend, um sie mit dem BodyChange® Shake zu kombinieren. Damit es sich gut zerkleinern lässt, benötigst du einen Hochleistungsmixer bzw. -pürierstab.

MILCH

Zum Frühstück oder nach dem Sport lässt sich der Shake mit ungesüßten Milchprodukten wie zum Beispiel Vollmilch, Naturjoghurt, Kefir oder Quark ideal kombinieren.
Den restlichen Tag kannst du den Shake einfach mit ungesüßter Ersatzmilch wie zum Beispiel Mandel-, Kokos- oder Haselnussmilch mixen.

MIX-GETRÄNKE

Als perfekte Flüssigkeit für den Shake bieten sich natürlich Wasser, ungesüßter Tee (z. B. grüner Tee, Chai-Tee, aber auch Früchtetee u.Ä.) oder Kaffee an.

NÜSSE

Nüsse, Samen und Kerne wie zum Beispiel Mandeln, Pistazien, Cashewkerne, Erdnüsse sowie deren Mus (zum Beispiel Mandelmus, Haselnussmus oder Erdnussmus) können deinen Shake aufgrund der guten Fette zum Pappsattmacher machen. Wir empfehlen maximal eine Handvoll Nüsse pro Tag, um den Abnehmprozess nicht zu behindern.

KRÄUTER UND GEWÜRZE

Mit frischen Kräutern und Gewürzen wird dein Shake zu einem Geschmackserlebnis.

TURBOS

Ingwer, Senf, Zitrone, Chili, Zimt und Co. sind wahre Abnehm-Booster. Sie kurbeln den Stoffwechsel an und bringen gleichzeitig den Extra-Pfiff.

BODYCHANGE® SHAKE-TURBOS

Die BodyChange® Shake-Turbos »Red«, »Green« und »Kokos-Mandel« sorgen nicht nur für einen leckeren Geschmack, in jedem Esslöffel steckt auch eine geballte Portion wertvoller Superfoods und BodyChange® Turbo-Lebensmittel.

AUF FOLGENDE ZUTATEN VERZICHTEN WIR KOMPLETT AN 6 TAGEN PRO WOCHE:

- Zucker, Honig, Stevia und Süßstoff
- zucker- und süßstoffhaltige Getränke
- Sojamilch, Tofu
- Drinks aus Weizen, Dinkel, Roggen, Hafer, Reis

LET'S
GET
OUTSIDE
your comfort zone

Mit Bewegung an der frischen Luft zündest du den Extra-Turbo zur Traumfigur

Wir brauchen Bewegung, Licht und Sauerstoff. Es genügt ein kurzer Spaziergang an der frischen Luft für die folgenden positiven Effekte:

Bewegung

Durch Bewegung steigern wir unsere Herzfrequenz, mehr Blut strömt durch den Körper und wir erhöhen so unseren Grundumsatz. Bewegung wirkt zusätzlich entspannend auf das vegetative Nervensystem, lässt uns besser schlafen und schneller regenerieren. Wer aktiv ist, steigert sein Selbstwertgefühl und hat eine positive Ausstrahlung.

Licht

Bereits einige wenige Sonnenstrahlen machen gute Laune, stimmen uns optimistisch und haben zahlreiche positive Wirkungen auf unseren Körper. Ultraviolette Strahlen des Sonnenlichts regen den Körper zur Bildung des Vitamin D an und verbessern die Sauerstoffaufnahme über die Lungen. Sie regen die Durchblutung sowie den Stoffwechsel an. Sonne und Licht sorgen durch die vermehrte Endorphinausschüttung für gute Laune, entspannen uns und fördern die Lebensfreude.

Sauerstoff

Sauerstoff ist die Quelle aller wichtigen Vitalprozesse im Körper. Wir könnten wochenlang ohne Essen, Tage ohne Wasser, aber nur Minuten ohne Sauerstoff auskommen. Luft und Sauerstoff machen uns vital, leistungsfähig und verbessern die psychische Belastbarkeit. Raus in die Natur heißt für uns ganz einfach: Power und Lebensenergie.

Als Frühstück oder nach dem Sport

Shakes und Smoothies

Wake-up-Shake

2 reife Aprikosen

150 ml Kefir

3 EL BodyChange®
Shake-Pulver

1. Aprikosen waschen.
2. Kefir, Aprikosen und Shake-Pulver in einen Mixer geben und kräftig mixen, bis der Shake schön cremig ist.
3. Den Shake in ein Glas füllen und sofort genießen.

Tipp:
Zur Herstellung von Kefir wird Milch mit einem Kefirpilz angesetzt. Durch die Gärung entsteht ein probiotisches Getränk, welches das Immunsystem stärkt und die Darmflora positiv beeinflusst. Außerdem soll Kefir gegen chronische Müdigkeit und Schlafstörungen helfen und ist somit ideal für unseren Wake-up-Shake.

Happy-Day-Smoothie

1 Handvoll Blattspinat (alternativ: tiefgekühlter Blattspinat)

1 Grapefruit

½ Banane

1 Stück Ingwer (ca. 1 cm)

1 EL Kokosöl

100 ml Wasser

3 EL BodyChange® Shake-Pulver

1. Blattspinat waschen. Die Grapefruit mit einem Messer schälen und Filets heraustrennen. Banane schälen. Ingwer schälen. Kokosöl in eine Tasse geben und mit 1 EL heißem Wasser zum Schmelzen bringen.
2. Blattspinat, Banane, Grapefruitfilets in einen Mixer geben. Ingwer mit einer Knoblauchpresse hineinpressen oder vorher fein schneiden.
3. Mit Wasser auffüllen, das Shake-Pulver und das geschmolzene Kokosöl dazugeben und kräftig mixen, bis der Smoothie schön cremig ist.
4. In ein Glas geben und direkt genießen.

Tipp:
Grapefruit ist ein idealer Unterstützer zur Gewichtsabnahme. Studien zeigen, dass Grapefruit ein starkes Ansteigen des Blutzucker-/Insulinspiegels verhindern kann. Gleichzeitig liefert sie wertvolle Stoffe wie Pektin und Vitamin C, die den Stoffwechsel ankurbeln.

Piña-Colada-Smoothie

50 g frische Ananas

200 ml Kokoswasser

3 EL BodyChange®
Shake-Pulver

1. Ananas schälen und das Fruchtfleisch in grobe Stücke schneiden.
2. Kokoswasser, Ananasstücke und BodyChange® Shake-Pulver in einen Mixer geben und kräftig mixen, bis der Smoothie schön cremig ist.
3. In ein Glas füllen und sofort genießen.

Tipp:
Ananas enthält wichtige Vitamine, Mineralien und Spurenelemente. Zudem liefert sie wertvolle Enzyme, die u. a. unsere Verdauungsorgane bei der Spaltung von Eiweiß unterstützen. Durch ihre positiven Auswirkungen auf den Stoffwechsel kann sie den Körper ideal beim Abnehmen unterstützen.

Ever-Green-Smoothie

1 Handvoll Feldsalat

¼ Salatgurke

1 Banane

3 EL BodyChange® Shake-Pulver

1 EL BodyChange® Shake-Turbo »Green«

150 m Wasser

1. Feldsalat waschen und gut trockenschütteln. Salatgurke waschen und in grobe Stücke schneiden. Banane schälen und ebenfalls in grobe Stücke schneiden.
2. Feldsalat, Gurken- und Bananenstücke zusammen mit dem Wasser, Shake-Pulver und BodyChange® Shake-Turbo »Green« in einen Mixer geben und kräftig mixen, bis der Smoothie schön cremig ist.

Tipp:
Der BodyChange® Turbo-Shake »Green« enthält u. a. wertvolles Gerstengrassaftpulver, das reich an Mineralstoffen, Spurenelementen und Vitaminen ist. Gerstengras ist eines der basischsten Lebensmittel überhaupt, das den pH-Wert im Körper auf natürliche Weise reguliert und unsere Körperzellen vor schädlichen Einflüssen schützt.

Detox-Smoothie

150 g frische Ananas

½ Bund frisches Basilikum

150 ml Kokoswasser

100 ml Wasser

3 EL BodyChange® Shake-Pulver

1. Ananas schälen und das Fruchtfleisch in grobe Stücke schneiden. Basilikum waschen und trockenschütteln.
2. Kokoswasser, Wasser, Shake-Pulver, Ananasstücke und Basilikum in einen Mixer geben und kräftig mixen, bis der Smoothie schön cremig ist.
3. In ein Glas füllen und sofort genießen.

Tipp:
Basilikum wird aufgrund seiner antibakteriellen Eigenschaften geschätzt. Es eignet sich für die Entgiftung des Verdauungstrakts, stärkt das Immunsystem und unterstützt zudem die Funktion der Nieren.

BodyChange®
– it's a lifestyle not a diet

Die überwältigende BodyChange® Erfolgsquote spricht für sich:

95%
der Teilnehmer
empfehlen
BodyChange®
weiter.

Über 350 000
BodyChange® Teilnehmer
haben insgesamt über
3 600 000 kg
Gewicht verloren!

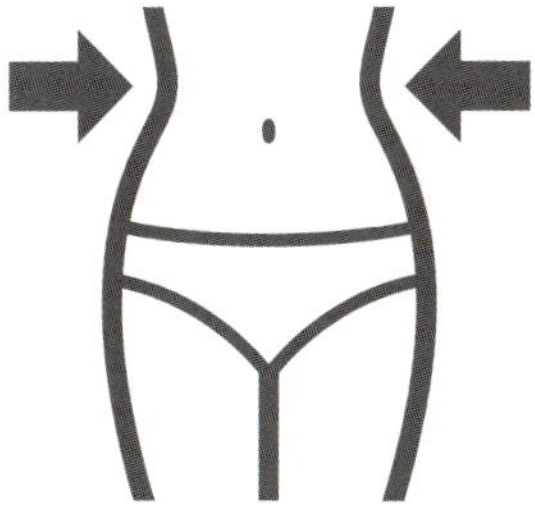

85,9%
empfehlen den
BodyChange®
Shop weiter.

-10,3 kg
nehmen Teilnehmer im
Durchschnitt ab.

Quelle: BodyChange® Teilnehmer-Zufriedenheitsumfrage 2016 bzw. 2013/2014 mit insgesamt 14 000 Teilnehmern

Oh-She-Glows-Smoothie

150 g gemischte Beeren (z. B. Erdbeeren, Himbeeren, Heidelbeeren)

1 EL BodyChange® Shake-Turbo »Red«

3 EL BodyChange® Shake-Pulver

250 ml Mandelmilch

1. Beeren waschen und verlesen.
2. Mandelmilch, Shake- und Shake-Turbo-Pulver »Red« zusammen mit den Beeren in einen Mixer geben und kräftig mixen, bis der Smoothie schön cremig ist.
3. In ein Glas füllen und sofort genießen.

Tipp:
Beeren stecken voller wertvoller Antioxidantien, welche die Haut vor freien Radikalen schützen und der Hautalterung vorbeugen. Gleichzeitig deckt schon eine kleine Menge Beeren den Tagesbedarf an Vitamin C, das die Elastizität der Haut verbessert und die Verdauung fördert. Daher steckt auch in unserem BodyChange® Shake-Turbo »Red« wertvolles Beerenpulver.

Coffee-Smoothie

1 Tasse Espresso

1 Banane

100 ml Vollmilch

3 EL BodyChange®
Shake-Pulver

1 TL Zimt

1 Eiswürfel

1. Espresso zubereiten und abkühlen lassen.
2. Banane, Vollmilch, Shake-Pulver und Zimt in einen Mixer geben und schaumig mixen.
3. Eiswürfel in ein Glas geben. Den Espresso dazugeben, zum Schluss die Bananenmilch darüberschütten.
4. Mit etwas Zimt bestäuben und genießen.

Tipp:
Koffein stimuliert das zentrale Nervensystem, steigert den Blutdruck und kurbelt den Stoffwechsel an. Darüber hinaus unterstützt Koffein die Fettverbrennung und ist somit ein idealer Abnehm-Turbo.

Indian Dream

½ frische Papaya

150 ml Kokosmilch (ungesüßt)

1 EL Kokosöl

3 EL BodyChange® Shake-Pulver

etwas Kurkumapulver

3 EL Kokoschips (ungesüßt) zum Garnieren

1. Das Kokosöl mit etwa 50 ml heißem Wasser zum Schmelzen bringen.
2. Die Papaya schälen, Kerne entfernen und das Fruchtfleisch grob würfeln.
3. Kokosmilch, Wasser-Kokosöl-Gemisch, Papayawürfel und Shake-Pulver mit einem Stabmixer oder Mixer fein pürieren. Zum Schluss das Kurkumapulver dazugeben und nochmals kurz mixen.
4. Smoothie in ein Glas füllen. Mit Kokoschips garnieren und servieren.

Tipp:
Kurkuma – auch Gelbwurz genannt – ist für seine verdauungsfördernde Wirkung bekannt. Das Gewürz regt u. a. die Leber an, fördert die Verdauung und lindert Blähungen und Völlegefühl.

Cranberry-Chai-Smoothie

100 g Himbeeren

50 g Cranberrys (frisch oder tiefgekühlt)

100 ml Chai-Tee

100 ml Mandelmilch (ungesüßt)

1 EL BodyChange® Shake-Turbo-Pulver »Red«

3 EL BodyChange® Shake-Pulver

1. Chai-Tee zubereiten und abkühlen lassen.
2. Himbeeren säubern, frische Cranberrys waschen.
3. Chai-Tee, Mandelmilch, Himbeeren, Shake- und Shake-Turbo-Pulver »Red« in einen Mixer geben und kräftig mixen, bis der Smoothie schön cremig ist.
4. In ein Glas füllen und sofort genießen.

Tipp:
Cranberrys haben einen hohen Gehalt an Antioxidantien und können daher einen Beitrag gegen vorzeitige Hautalterung sowie gegen Herz-Kreislauf-Erkrankungen leisten. Darüber hinaus können sie den Blutfluss und die Blutfettwerte positiv beeinflussen. Deshalb steckt die Powerfrucht auch u. a. in unserem BodyChange® Shake-Turbo »Red«.

Protein-Power-Shake

50 g gefrorene Erbsen

20 g Pistazien

100 ml Buttermilch

1 EL Zitronensaft

1 EL BodyChange® Shake-Turbo-Pulver »Green«

3 EL BodyChange® Shake-Pulver

1. Pistazien grob hacken.
2. Erbsen, gehackte Pistazien, Buttermilch, Zitronensaft und Shake- und Shake-Turbo-Pulver in einen Mixer geben und kräftig mixen, bis der Shake schön cremig ist.
3. In ein Glas füllen und sofort genießen.

Tipp:
Erbsen, Bohnen und Linsen sind reich an Proteinen und Ballaststoffen und zählen insbesondere aufgrund ihrer langkettigen Kohlenhydrate zu einem wichtigen Bestandteil des BodyChange®-Ernährungskonzepts. Langkettige Kohlenhydrate gehen im Gegensatz zu kurzkettigen, »schnellen« Kohlenhydraten (z. B. in Zucker, Brot und Nudeln enthalten) langsam ins Blut über und halten den Blutzuckerspiegel konstant oben. Dadurch machen sie uns länger satt und nicht dick.

Als Frühstück oder nach dem Sport

Bowls & Müslis

Hüttenkäse mit Erdbeeren und Zimt

250 g Hüttenkäse

3 EL BodyChange® Shake-Pulver

2 EL Vollmilch

100 g frische Erdbeeren

1 TL Zimt

1. Erdbeeren waschen und vierteln.
2. Hüttenkäse, Milch, Zimt und Shake-Pulver verrühren und mit den Erdbeeren servieren.

Tipp:
Zimt ist ein idealer Turbo für die Fettverbrennung. Das Gewürz enthält Stoffe, die den Blutzuckerspiegel senken und dadurch die Fettverbrennung steigern. Gleichzeitig hebt Zimt den Serotoninspiegel im Blut an. Dadurch fühlen wir uns glücklicher und zufriedener. Außerdem wirkt Zimt Heißhungerattacken entgegen.

Kokosmüsli mit Früchtejoghurt

150 g Himbeeren

1 Apfel

1 EL Zitronensaft

150 g Joghurt

3 EL BodyChange® Shake-Pulver

4 EL BodyChange® Müslimischung

1. Himbeeren säubern. Apfel waschen, vierteln und das Kerngehäuse entfernen. Eine Hälfte in Scheiben schneiden.
2. 100 g Himbeeren, ½ Apfel, Joghurt und Shake-Pulver in einen Mixer geben und kräftig pürieren.
3. Beerenjoghurt in einer Schale anrichten, mit Himbeeren, Apfelscheiben und Müslimischung garnieren und mit dem Löffel genießen.

Tipp:
Zitronen sind aufgrund ihres hohen Vitamin-C-Gehalts ein idealer Abnehm-Turbo. Mit Vitamin C bzw. Ascorbinsäure produziert der Körper das Hormon Noradrenalin, das zu einer optimalen Fettverbrennung beiträgt. Dadurch kann der Organismus einfacher auf gespeicherte Fette zurückgreifen und verbrennen.

Blaubeer-Bowl

100 g Blaubeeren

150 g Quark

3 EL Vollmilch

3 EL BodyChange®
Shake-Pulver

etwas Zimt

3 EL gehackte Walnüsse

1. Blaubeeren waschen.
2. Quark, Milch, Zimt und Shake-Pulver glattrühren und in eine Schale füllen.
3. Mit Blaubeeren und Walnüssen garnieren und mit dem Löffel genießen.

Tipp:
Wie alle Beeren enthalten Blaubeeren generell wenig schnelle Kohlenhydrate und lassen dadurch den Blutzuckerspiegel nicht so stark ansteigen. Sie sind deshalb zum Frühstück ideal in Kombination mit dem BodyChange® Shake.

SEX
Die besten
Bestseller-Ab
10 Weeks BodyCh
riva
www.imakeyousexy.co
I MAKE YOU SEXY
KOCHBUCH 2
Die besten Rezepte aus aller Welt zum Bestseller-Abnehmprogramm BodyChange®
riva
www.bodychange.de

Koch dich Schlank

Rote Grütze mit Vanillejoghurt

Rote Grütze:

150 g gemischte Beeren (z. B. Himbeeren, Erdbeeren)

etwas Zimt

Vanillejoghurt:

3 EL BodyChange® Shake-Pulver

150 g Joghurt

3 EL Vollmilch

Mark ½ Vanilleschote

1. Beeren waschen und trockentupfen. Mark der Vanilleschote auskratzen.
2. Beeren mit Zimt fein pürieren.
3. Für den Vanillejoghurt den Joghurt, Vollmilch, Shake-Pulver und das Mark der Vanilleschote gut verrühren.
4. Beerengrütze in eine Schüssel geben und mit Vanillejoghurt anrichten.

Tipp:
Vanille regt die Produktion des Glückshormons Serotonin an. Allein der Duft von Vanille wirkt stimmungsaufhellend und kann dadurch Stress, depressive Verstimmungen und Schlafstörungen lindern. Darüber hinaus kann Vanille das Hungergefühl zügeln.

1 Portion

Bananen-Erdnuss-Creme

1 Banane

2 EL Erdnussmus (ungesüßt)

1 EL Kakaopulver

3 EL BodyChange® Shake-Pulver

1 EL BodyChange® Shake-Turbo »Mandel-Kokos«

150 ml Mandelmilch (ungesüßt)

1 EL Erdnüsse

1. Die Bananen schälen und in Scheiben schneiden. Erdnüsse grob hacken.
2. Erdnussmus, ¾ der Bananenscheiben, Kakao-, Shake- und Shake-Turbo-Pulver und den Mandeldrink in den Mixer geben. Alle Zutaten auf höchster Stufe mixen.
3. Die Creme in eine Schale geben. Mit den gehackten Erdnüssen bestreuen und mit den restlichen Bananenscheiben garnieren. Mit einem Löffel servieren.

Tipp:
Mandeln enthalten einfach ungesättigte Fettsäuren, die den Blutzucker nur geringfügig ansteigen lassen. Dadurch halten sie uns länger satt und machen weniger Appetit auf kohlenhydrathaltige Dickmacher. Daher sind sie auch u. a. Hauptbestandteil unseres BodyChange® Shake-Turbos »Mandel-Kokos«.

Avocado-Smoothie-Bowl

1 Avocado

1 Banane

1 EL Zitronensaft

125 ml Joghurt

3 EL BodyChange® Shake-Pulver

1 Kiwi

1 EL Mandelstifte

1. Die Avocado halbieren, Kern und Schale entfernen und das Fruchtfleisch zerkleinern. Die Banane schälen und in Scheiben schneiden.
2. Avocado- und Bananenstücke mit dem Zitronensaft in einen Mixer geben. Joghurt und BodyChange® Shake-Pulver dazugeben. Alles auf höchster Stufe mixen, bis der Smoothie dick-cremig ist.
3. Kiwi schälen und in Scheiben schneiden.
4. Avocado-Smoothie in eine Schale geben. Mit Kiwischeiben und Mandelstiften garnieren. Mit einem Löffel servieren.

Tipp:
Avocados sind reich an ungesättigten Fettsäuren, die dank des Enzyms Lipase laut Experten dem Körper beim Fettabbau helfen können. Avocados sind somit richtige Turbos, um den Fettabbau im Körper zu beschleunigen.

Mandel-Erdbeer-Nicecream

1 gefrorene Banane

100 g gefrorene Erdbeeren

1 EL Mandelmus (ungesüßt)

3 EL BodyChange® Shake-Pulver

150 ml Mandelmilch (ungesüßt)

2 frische Erdbeeren

1 EL BodyChange® Müslimischung

1 Kiwi

1. Alle Zutaten (ohne Kiwi und frische Erdbeeren) in einen Mixer geben und kräftig mixen, bis eine Art Eiscreme entsteht.
2. Kiwi schälen und in Scheiben schneiden, Erdbeeren waschen und ebenfalls in Scheiben schneiden.
3. Nicecream in eine Schale füllen und mit Kiwi- und Erdbeerscheiben sowie mit dem Kokosmüsli garnieren und mit dem Löffel genießen.

Tipp:
Die Basis der trendigen Nicecream besteht aus gefrorenen Bananen, die cremig püriert werden. Alternativ können auch gefrorene Mango oder Beeren verwendet werden. Geschmacklich variieren lässt sich das Ganze mit Früchten, ungesüßtem Kakaopulver, Nüssen oder Matcha-Pulver … so einfach und so lecker.

Winter-Porridge

150 g BodyChange®
Müslimischung

125 ml Mandelmilch
(ungesüßt)

1 Tasse Chai-Tee

3 EL BodyChange®
Shake-Pulver

1 EL Mandelmus
(ungesüßt)

1 TL natives Kokosöl

½ TL frisch geriebener
Ingwer

1 TL Zimt

eine Prise Muskatnuss
(gemahlen)

eine Prise Nelken
(gemahlen)

eine kleine Prise
Kardamom (gemahlen)

1 getrocknete Feige

1 EL gehackte Mandeln

1. Chai-Tee zubereiten. Mandelmilch erwärmen.
2. Müslimischung in eine Schale geben und mit dem heißen Chai-Tee und der warmen Mandelmilch übergießen.
3. Das Kokosöl, den Ingwer und die Gewürze dazugeben und gut verrühren. Ca. 2–3 Minuten ziehen lassen. Anschließend das BodyChange® Shake-Pulver dazugeben und gut verrühren.
4. Die Feige in Scheiben schneiden. Das Porridge mit den Feigenscheiben und den gehackten Mandeln garnieren und genießen.

Schlank werden ohne Hungern

BODYCHANGE®
BODYCHANGE®
MÜSLI
MISCHUNG
Kokos-Zimt

Chia-Pudding mit Himbeer-Topping

3 EL Chia-Samen

3 EL BodyChange®
Shake-Pulver

200 ml Mandelmilch

Topping:

60 g Himbeeren

1 TL Chiasamen

1. Chia-Samen, Shake-Pulver und Mandelmilch verrühren und mindestens 40 Minuten (besser über Nacht) kalt stellen.
2. Für das Topping die Himbeeren waschen und zusammen mit den Chiasamen auf dem Chia-Pudding anrichten und genießen.

Tipp:
Chia-Samen enthalten viel Kalzium und Eisen sowie viel pflanzliches Eiweiß, Vitamine und ungesättigte Fettsäuren. Sie sind zudem reich an Ballaststoffen. Dadurch wird ihnen eine verdauungsfördernde Wirkung zugesprochen

Brombeer-Crumble mit Vanillejoghurt

Für den Crumble:

1 EL Butter

1 Birne

2 EL frisch gepresster Zitronensaft

1 Stück frischer Ingwer (ca. 1 cm)

125 g Brombeeren

etwas gemahlene Nelken

etwas Zimtpulver

120 g BodyChange® Müslimischung

Für den Vanillejoghurt:

150 ml Joghurt

3 EL BodyChange® Shake-Pulver

etwas Zimtpulver

1. Den Backofen auf 180° Ober-/Unterhitze vorheizen.
2. Auflaufform mit etwas Butter einfetten. Die Birne schälen, vierteln und das Kerngehäuse entfernen. Die Viertel in Stücke schneiden und sofort mit Zitronensaft mischen.
3. Ingwer schälen und möglichst fein hacken. Die Brombeeren verlesen, vorsichtig waschen und trockentupfen.
4. Brombeeren und Birnenstücke mit Ingwer, Nelken und der Hälfte des Zimtpulvers mischen und in die Auflaufform geben.
5. BodyChange® Müslimischung darauf verteilen und den Crumble ca. 20 Minuten im Backofen goldbraun backen.
6. Für den Vanillejoghurt Joghurt, Shake- und Zimtpulver verrühren und mit dem etwas abgekühlten Crumble servieren.

Jederzeit auch als Snack

Shakes & Smoothies

Hallo-Wach-Shake

100 ml grüner Tee

1 daumengroßes Stück Ingwer

1 Bund frische Minze

2 EL Limettensaft

100 ml Kokosmilch (ungesüßt)

3 EL BodyChange® Shake-Pulver

1. Grünen Tee mit ca. 80 °C heißem Wasser aufgießen, 2–3 Minuten ziehen lassen, dann abkühlen lassen.
2. Ingwer schälen und in feine Scheiben schneiden. Minze waschen, trockenschütteln und Blättchen von den Stängeln zupfen.
3. Ingwer, Minze, Limettensaft, Kokosmilch, grünen Tee und Shake-Pulver mit einem Stabmixer oder Mixer cremig pürieren.
4. Den Shake in ein Glas füllen, mit einem Minzblatt garnieren und genießen.

Tipp:
Studien zeigen, dass Grüntee hilft, den Blutzuckeranstieg nach einer stärkehaltigen Mahlzeit zu halbieren und die Zunahme von Körperfett zu reduzieren. Daher sind auch die BodyChange® Grüntee-Zimt-Kapseln eine optimale Unterstützung beim Abnehmen.

We ♥ Green Tea

BODYCHANGE®
BODYCHANGE®
KAPSELN
Grüntee
Zimt

Mocca Choc

1 Tasse starker Espresso

150 ml Kokosmilch (ungesüßt)

2 EL Kakaopulver (ungesüßt)

3 EL BodyChange® Shake-Pulver

1 EL BodyChange® Shake-Turbo »Mandel-Kokos«

½ Vanilleschote

1. Espresso zubereiten. Vanilleschote auskratzen.
2. Kokosmilch, Kakaopulver, Espresso, Shake-Pulver und Mark der Vanilleschote in einen Mixer geben und kräftig mixen, bis der Shake schön cremig ist.
3. In ein Glas füllen und sofort genießen.

Tipp:
Backkakao und dunkle Schokolade haben einen hohen Gehalt an wertvollen Antioxidantien, die eine positive Auswirkung auf die Herzgesundheit haben. Darüber hinaus enthält Kakao Serotonin und Dopamin, die stimmungsaufhellend wirken.

Kakao-Chili-Shake

200 ml Haselnussmilch

2 TL Kakaopulver (ungesüßt)

2 EL Mandelmus (ungesüßt)

3 EL BodyChange® Shake-Pulver

1 Prise Chilipulver

1. Haselnussmilch, Kakaopulver, Mandelmus und Shake-Pulver in einen Mixer geben und cremig mixen.
2. Mit etwas Chilipulver abschmecken, in ein Glas füllen und sofort genießen.

Tipp:
Für die Schärfe der Chilischoten ist der Stoff Capsaicin verantwortlich, der den Energieumsatz des Körpers erhöht, den Stoffwechsel ankurbelt und die Verdauung anregt. Damit ist er ein idealer Turbo für die Fettverbrennung.

Green-Power-Smoothie

1 Stängel Basilikum

1 daumengroßes Stück Ingwer

1 Handvoll frischer Blattspinat

½ Avocado

1 EL Zitronensaft

200 ml Mandelmilch (ungesüßt)

1 EL Mandelmus

1 EL BodyChange® Shake-Turbo-Pulver »Green«

3 EL BodyChange® Shake-Pulver

1. Basilikum waschen und trockenschütteln. Ingwer schälen. Blattspinat waschen. Avocado schälen, Kern entfernen und Fruchtfleisch grob würfeln.
2. Basilikum, Blattspinat, Avocadostücke und Zitronensaft in einen Mixer geben. Ingwer durch eine Knoblauchpresse drücken und ebenfalls in den Mixer geben. Mit Mandelmilch auffüllen. Mandelmus, Shake- und Shake-Turbo-Pulver dazugeben und kräftig mixen, bis der Smoothie schön cremig ist.
3. Den Smoothie in ein Glas füllen und sofort genießen.

Tipp:
Ingwer regt den Stoffwechsel an und bringt den Kreislauf in Schwung. Er besitzt entzündungshemmende und schmerzstillende Eigenschaften und kann bei Übelkeit wahre Wunder wirken.

Scharfer Gemüse-Shake

100 g Cocktailtomaten

1/2 rote Paprikaschote

1 Chilischote

50 g Rote Bete (vorgegart)

1 Stange Staudensellerie

½ Zitrone

½ TL Cayennepfeffer

3 EL BodyChange® Shake-Pulver

1 EL BodyChange® Shake-Turbo-Pulver »Red«

100 ml warmes Wasser

1. Die Tomaten waschen und vierteln. Die Paprikaschote waschen, Kerngehäuse entfernen und grob würfeln. Chilischote waschen und in Ringe schneiden.
2. Rote Bete klein schneiden. Den Staudensellerie waschen und mit den Blättern in Stücke schneiden. Gemüse in den Mixer geben.
3. Zitrone auspressen. Zitronensaft, Shake- und Shake-Turbo-Pulver und Cayennepfeffer ebenfalls in den Mixer geben. Das Wasser dazugießen und alle Zutaten auf höchster Stufe mixen, bis der Smoothie schön cremig ist.
4. In ein Glas füllen und sofort genießen.

Tipp:
Fruchtzucker hat eine ähnliche Wirkung auf den Insulinspiegel wie industrieller Zucker. Daher verzichten wir bei BodyChange® mySHAKE – außer beim Frühstück bzw. nach dem Sport – sechs Tage pro Woche darauf. Gemüse ist ebenso reich an Vitaminen und Ballaststoffen, die ausreichen, um den Bedarf des Körpers zu decken, ohne dick zu machen.

Jederzeit auch als Snack

Kekse, Brötchen & mehr

Schoko-Brownies

50 g Butter

50 g Kokosöl

3 Eier

50 g Kokosmehl

50 g Mandelmehl

50 g Kokosraspel (ungesüßt)

40 g Kakaopulver (ungesüßt)

3 EL BodyChange® Shake-Pulver

1 EL BodyChange® Shake-Turbo-Pulver »Mandel-Kokos«

200 ml Kokosmilch

2 TL Backpulver

1. Backofen auf 170 °C Ober-/Unterhitze vorheizen.
2. Butter und Kokosöl in einem Topf zum Schmelzen bringen.
3. Eier schlagen und das Butter-Kokosöl-Gemisch langsam zufügen und unterrühren. Nach und nach Kokosmehl, Mandelmehl, Kokosraspel, Kakaopulver und Kokosmilch unter ständigem Rühren hinzufügen, bis ein glatter Teig entsteht.
4. Auf einem mit Backpapier ausgelegten Backblech verteilen und für ca. 20 Minuten backen.
5. Die Brownies etwas abkühlen lassen und in Rauten oder Rechtecke schneiden.

Tipp:
Fett macht nicht fett. Im Gegenteil: Die richtigen Fette sollten regelmäßig auf dem Ernährungsplan stehen. Kokosöl enthält zum Beispiel MCT-Fettsäuren, die laut neuesten Forschungen zur Normalisierung der Körperfettwerte beitragen. Kokosöl kann den Stoffwechsel ankurbeln und dadurch den Fettabbau beschleunigen. Diese positiven Eigenschaften besitzt aber nur kalt gepresstes Kokosöl in Bio-Qualität.

ca. 20 Stück

Nachos

3 Eiklar

3 EL Bodychange® Shake-Pulver

50 g geschrotete Leinsamen

etwas Salz

etwas Paprikapulver

etwas Olivenöl

etwas Paprika

etwas Cayennepfeffer

1. Backofen auf 200 °C vorheizen.
2. Eiklar, Shake-Pulver, Leinsamen, Salz, Paprikapulver gründlich vermengen.
3. Olivenöl in eine Pfanne geben, den Teig dünn einlaufen lassen. Beidseitig wie einen Pfannkuchen anbraten.
4. Den Pfannkuchen anschließend in Nachoform schneiden, dünn mit Olivenöl einpinseln und mit Würzmischung aus Paprika, Cayennepfeffer und Salz bestreuen.
5. Die Nachos 12–15 Minuten im Backofen backen.

Tipp:
Leinsamen ist reich an Omega-3-Fettsäuren und Ballaststoffen. Er enthält ebenfalls reichlich wertvolles Öl und Eiweiß und hat eine verdauungsfördernde Wirkung.

Müsli-Crunchies

100 g gehackte Mandeln

5 EL BodyChange® Shake-Pulver

100 g BodyChange® Müslimischung

200 ml Kokosmilch

50 g Haselnussmus

1. Backofen auf 120 °C Umluft vorheizen.
2. Alle Zutaten zu einem festen Teig vermischen. Backblech mit Backpapier auslegen und den Teig etwa 2–3 cm dick darauf verstreichen und ca. 1 Stunde im Backofen backen.
3. Die Müslimasse auskühlen lassen und im erkalteten Zustand in Stücke brechen.

Tipp:
Mit dem BodyChange® Shake-Pulver lassen sich nicht nur Shakes und Smoothies zaubern, es kann auch zum Kochen und Backen verwendet werden. Ein verbreiteter Mythos ist, dass Eiweiß beim Erhitzen zerstört wird. Dies ist aber nicht der Fall. Unser Köper nimmt das Eiweiß auf, egal ob es erhitzt wurde oder nicht.

Nussbrötchen

150 g gemahlene Haselnüsse

3 EL BodyChange® Shake-Pulver

2 TL Backpulver

1 TL Salz

3 Eier

1. Backofen auf 170 °C Ober-/Unterhitze vorheizen.
2. Die gemahlenen Haselnüsse, Shake-Pulver, Eier, Backpulver und Salz zu einem Teig verkneten und daraus Brötchen formen.
3. Im Backofen 20–25 Minuten knusprig backen.
4. Abkühlen lassen und nach Belieben mit Butter und BodyChange® konformen Zutaten wie zum Beispiel Schinken belegen.

Tipp:
Trotz ihres hohen Fettanteils sind Nüsse sehr gesund. Sie enthalten viele wertvolle Inhaltsstoffe wie z. B. ungesättigte Fettsäuren, die den Cholesterinspiegel senken und dadurch Herz-Kreislauf-Erkrankungen vorbeugen können. Aufgrund ihres hohen Energiegehalts empfehlen wir aber im Rahmen des BodyChange® Ernährungskonzepts, maximal eine Handvoll Nüsse oder Samen am Tag zu genießen.

Rübli-Muffins

180 g Mandelmehl

1/4 TL Salz

1/2 TL Backpulver

1/2 TL Zimt

1/2 TL Muskat

1/2 TL Ingwer, gemahlen

3 Eier

3 EL BodyChange® Shake-Pulver

2 EL Öl

200 g Möhren

60 g Walnüsse

1. Den Ofen auf 180 °C Ober-/Unterhitze vorheizen.
2. Muffinblech einfetten oder mit Papierförmchen auslegen. Möhren reiben und Walnüsse hacken.
3. Eier, Öl und Shake-Pulver schaumig schlagen. Möhren und Walnüsse unterheben.
4. Nach und nach Mandelmehl, Backpulver, Zimt, Muskat, Ingwer und Salz dazugeben und verrühren. Teig in die Förmchen füllen und ca. 15–20 Minuten backen.
5. Muffins abkühlen lassen und genießen.

Tipp:
Aufgrund ihres hohen Cholesteringehalts sind Eier in Verruf geraten – und das völlig unbegründet. Eier liefern zwar viel Cholesterin, aber sie enthalten auch den Emulgator Lecithin, der die Cholesterinaufnahme im Körper hemmt. Eier sind als Bestandteil einer gesunden Ernährung sogar zu empfehlen: Sie enthalten viele Vitamine, Mineralstoffe und Jod. Zudem machen sie aufgrund ihres hohen Eiweißgehalts satt und unterstützen dadurch beim Abnehmen.

Hinter jedem Gesicht steckt eine BodyChange® Erfolgsgeschichte

Schreib jetzt auch du deine Erfolgsgeschichte mit

www.BodyChange.de

Register

Der BodyChange® Shake lässt sich mit vielen leckeren Zutaten kombinieren. Mit diesem Register lassen sich die passenden Gerichte je nach Geschmack noch schneller finden.